Ye   21080

ÉLÉGIE
SUR LA MORT
DU CHEVALIER PARNI;

SUIVIE

DE POÉSIES ÉROTIQUES

ET

DE CONTES EN VERS.

Par J. P. F.

DE L'IMPRIMERIE D'ADRIEN ÉGRON.

PARIS,
DELAUNAY, LIBRAIRE, AU PALAIS-ROYAL.
1815.

ÉLÉGIE

SUR LA MORT

DU CHEVALIER PARNI.

> Flebilis indignos Elegia solve capillos; . . .
> . . . .
> . . . . Jacet ecce Tibullus.

PARNI n'est plus!.. ô plaintive élégie,
Toi, qui par lui fus long-temps embellie,
A mes accents viens mêler tes douleurs.
Sexe charmant, délice de sa vie,
O vous, dont les attraits enflammaient son génie,
Sur son tombeau venez verser des pleurs;

De quelques fleurs couvrez votre poëte.
Du cœur humain digne interprète
Sa muse, de l'amour a peint les vifs désirs,
Les longs tourments et les trop courts plaisirs.
Ah! bientôt un peu de poussière
Est de PARNI ce qui nous restera!
Souvent la mort abrège la carrière
De ceux qu'Apollon inspira;
Elle respecte l'ignorance
Traînant de longs et d'inutiles jours;
Le génie et l'esprit, toujours
Trompent sa cruelle espérance;
Ils bravent les fureurs du temps.
Homère, Horace et Tibulle et Virgile
Brillent encore après mille et mille ans!
Et, tel PARNI de sa muse fertile
Charmera les siècles futurs
Par des vers élégans et purs,
Sa sensibilité, son abondance aisée.

Ah! si le riant élysée,
Si de l'antiquité ce paradis charmant

N'était point un songe brillant,
On le verrait près de Tibulle;
Properce, Gallus et Catulle
Applaudiraient à ses écrits.
Les nouveaux chantres de Cypris,
De Bacchus, de Mars et de Flore,
A sa lyre aimable et sonore,
Sans jalousie accorderaient le prix;
On verrait le brillant Voltaire,
Chaulieu, dont la muse légère
Est l'honneur du sacré vallon,
Lui présenter le charmant compagnon
De ses plaisirs, de sa jeunesse,
Bertin; que son trépas lui causa de tristesse!
Ces poëtes rivaux se chérirent toujours.

Mais, je crois voir l'ombre d'Eléonore;
Quand vous l'aviez trahi, vous, qu'il aimait encore,
Rappelez-lui ses premières amours,
Vos douces nuits, son aimable délire,
Tous vos plaisirs célébrés par sa lyre;
Mais gardez-vous, dans son cœur irrité

De rappeler votre infidélité :
Elle fit son malheur en augmentant sa gloire.

Jeunes amans, honorez sa mémoire,
Versez des pleurs en lisant ses écrits ;
Interrompez ses amoureux récits
Par des baisers, des soupirs, des caresses ;
Et que ses vers rallumant votre ardeur,
Tombent des mains de vos maîtresses
Au moment du bonheur.

Mes amis, qu'un saule pleureur
Ombrage son tombeau ; qu'une eau toujours limpide
Sur un sable argenté, dans sa course rapide
Serpente autour du monument ;
Qu'un cygne y nage tristement ;
Ce cygne, dont la voix jadis enchanteresse,
N'est plus qu'un cri triste et perçant,
De ce que fut PARNI dans sa jeunesse,
Deviendra le tableau frappant,
Et de notre douleur l'interprète éloquent.
L'amant aimé de sa maîtresse,

Visitera ces tristes lieux
   Accompagné de son amante ;
Et, redisant ses vers brûlans, harmonieux,
   Tous deux plaindront cette âme aimante,
   Et de la mort maudiront les rigueurs.
L'amant infortuné qui déteste ses chaînes,
   Y viendra déposer ses peines ;
   Cherchant l'oubli de ses malheurs,
   Il trouvera dans le silence,
   L'objet de sa seule espérance,
Le calme heureux des sens et qui peut seul guérir
   Un cœur fermé pour le plaisir,
   Et que ne peut donner le monde.
Mais au pied du tombeau voyant s'écouler l'onde
   Le cœur flétri par sa douleur,
Immobile et les yeux fixés sur le rivage ;
   Il dira : voilà du bonheur
   La plus fidèle image :
Comme cette eau son bonheur a coulé,
   Ainsi les Parques ont filé
   Ses beaux jours marqués par sa gloire,
   Avec cette rapidité,

Son esprit fait pour l'immortalité,
A pris sa place au temple de mémoire.

POÉSIES ÉROTIQUES.

A MES BOSQUETS.

Lambris dorés, riches boudoirs,
Sofas, coussins et plume oiseuse,
　　Et vous trompeurs miroirs,
Rendez-vous donc une âme heureuse ?
Qu'êtes-vous pour l'amour auprès de mes bosquets ?
　　Valez-vous leur ombrage frais,
　　Et leur gazon, dont la nature
　　Coupe la riante verdure
　　　　Par les vives couleurs
　　　　De mille simples fleurs ?
L'air que sous ses plafonds un opulent respire,
　　Ne vaut pas le souffle léger

Du volage zéphire :
Cet immortel jaloux de l'amoureux baiser
 Que je vais prendre à mon amie,
Dans nos embrassemens semble perdre la vie;
 Mais bientôt plus entreprenant,
 Notre fripon qu'amour embrase,
 Se glisse et soulève la gaze
 Qui voile son sein palpitant.

Oh! cher bosquet, pour quel tendre mystère
Tu m'as prêté ton ombre solitaire !

 Les glaces qu'à Paris
 L'artisan polit à grand prix,
Ont moins d'attraits que l'onde fugitive,
 Serpentant sous tes verts ormeaux,
Qui réfléchit la course et la jambe furtive
 D'Elisa sautant les ruisseaux.
Lits, chargés de festons, de franges, de dorures,
 Enfans des arts, magnifiques parures,
 Disparaissez devant ces verts rameaux
 Que le zéphir légèrement agite,

Qui d'Elisa me dérobent la fuite,
    Pour doubler mes désirs,
Et me l'offrir plus belle encore ;
Qui, cachant la rougeur dont son teint se colore,
Aux regards curieux dérobent nos plaisirs
    Et nos voluptés pures.

    Et vous, boudoirs, dont le velours
    Et les érotiques peintures
Sont destinés aux languissans amours,
Excitez-vous cette subtile flamme
Qui mollement vient chatouiller mon âme,
Lorsque de mille oiseaux le doux gazouillement
    Exprime tendrement
    Leurs plaintes amoureuses,
Ou redit leurs amours heureuses ?
Oui, je préfère au fracas des cités,
De mes bosquets les demeures discrètes.
    Ah ! puissé-je dans ces retraites
Sur le sein d'Elisa mourir de voluptés !

A LESBIE.

Oui, pour nous adorer,
Vivons, chère Lesbie;
Délices de ma vie,
Va, laissons murmurer
La vieillesse ennemie
De nos plaisirs charmans.
Pour un autre hémisphère,
De ses rayons brillans,
Le Dieu de la lumière
Nous prive chaque jour;
Mais, chaque jour, l'aurore
Annonce son retour :
Tout alors se redore.
Ah! quand le jour fuira
Notre humide prunelle,
Une nuit éternelle

Pour nous commencera.
Alors plus de caresse,
Plus d'amour, de bonheur!
Aimable enchanteresse,
Lesbie, à ton vainqueur,
Sur ta bouche jolie,
Laisse prendre un baiser :
Qu'aux Dieux je fasse envie!
Que le zéphir léger
Qui caresse les roses
Lui-même en soit jaloux!
Sur tes lèvres mi-closes,
J'en prends dix aussi doux!
Pour remplir mon attente,
Donne-m'en vingt, puis trente,
Un cent, un autre cent,
Puis mille et mille encore!
Dieux! je suis plus brûlant,
Et ton sein se colore!
O plaisirs passagers!
O plaisirs indicibles!
Que nos âmes sensibles

S'exhalent en baisers !
Et que la noire envie,
Te voyant tous les jours
Plus tendre et plus chérie,
Respecte nos amours.

A LYDIE.

IMITATION DE GALLUS.

Belle Lydie, ô mon amante,
Dont la blancheur éblouissante
Surpasse la blancheur du lis !
Toi, dont le teint, à la rose naissante,
Peut disputer le prix,
Ah ! de ta chevelure blonde,
Daigne à mes yeux déployer l'or !
Abandonne-moi ce trésor
Dont la forme élégante et ronde
Semble couronner ton beau sein.
Fixe sur les miens, ô ma vie,
Tes yeux ornés d'un sourcil noir et fin ;
Qu'ils lancent tous leurs feux dans mon âme ravie !
Livre à mon amoureux baiser
Ce satin où brillent les roses ;
Ouvre-moi tes lèvres mi-closes :

Imitons la colombe et l'amoureux ramier !
Aspire mon âme brûlante !
Mais je sens défaillir mon cœur,
Mon sang vient mourir sous ta lèvre :
Dérobe-moi ce sein dont la blancheur
A redoublé mon amoureuse fièvre.
Tu m'inspires tous les plaisirs
Que peut donner une immortelle.
Ne vois-tu pas que je languis ; cruelle,
Peux-tu m'abandonner expirant de désirs ?

LA RÉFLEXION,
L'AMOUR ET L'OCCASION.

ALLÉGORIE.

Un jour, dans un lieu solitaire,
L'Amour, ce petit dieu qui se plaît à mal faire,
   Cherchait à blesser de ses traits
   Quelque nymphe ou quelque bergère,
   Folâtrant sous l'ombrage frais.
Dame Réflexion errait toute pensive :
  Le petit Dieu tire de son carquois
    Un trait pour la mettre aux abois ;
    Elle se tient sur le qui-vive,
    Et l'apostrophe au même instant :
    Penses-tu donc, mon pauvre enfant,
    Que j'ignore que sous les roses
     Tu caches l'épine ? Cruel,
Tu n'accompliras pas ce que tu te proposes :
Sans craindre ton courroux, je foule ton autel.

Le dieu, qu'irrite cette audace,
Lui décoche le trait malin ;
Le trait ne suit pas la menace :
A la Réflexion, l'Amour prétend en vain
Faire sentir son pouvoir arbitraire.
La rêveuse saisit la flèche meurtrière,
Et la lui plonge dans le sein.
Affaibli par ce coup, le pauvret tombe à terre ;
Elle vit sans pitié les pleurs de cet enfant
De douleur expirant.

L'Occasion toujours se glisse
Partout où l'on ne l'attend pas ;
Elle aperçoit l'Amour, le presse entre ses bras,
Et prend pitié de son supplice ;
Retire le trait de son sein,
Et fait cesser l'horreur des tourmens qu'il endure.
L'Amour, par ce bienfait, reprit un front serein,
Et sut bien venger son injure.

De la Réflexion,
L'occasion trompa la noire envie,

Et rendit Cupidon
Vainqueur, l'âme ravie
A la divine cour.

Si la Réflexion peut perdre notre Amour,
L'Occasion sait lui rendre la vie.

L'HEUREUX INSTANT.

Déja de légères faveurs
Avaient payé mon amoureuse flamme,
Et n'avaient pu satisfaire mon âme.
Tel que zéphyr sur de nouvelles fleurs
    Un instant se repose,
  Ma bouche sur son teint de rose
Avait commis un amoureux larcin;
   Et quelquefois ma bouche encore
De ses baisers brûlans avait rougi sa main.
    Epiant celle que j'adore,
Furtivement j'entre dans son réduit :
   Sans doute amour m'avait conduit.
   O Dieux! un corset inutile
  Renfermait sa gorge immobile!
  Le lin voilait tous ses appas
  Et laissait voir deux jolis bras
   Bien dignes du pinceau d'Appelle.
D'une élégante robe elle allait se vêtir,

Lorsqu'une glace trop fidèle
De ma présence instruit ma belle ;
Elle m'ordonne de sortir,
Mais sa rougeur, son aimable désordre,
De sa bouche ont démenti l'ordre.
Lors un tissu vient servir sa pudeur ;
Je l'écarte, et, d'un air vainqueur,
Mes yeux peuvent fixer tout ce que j'idolâtre ;
Mes lèvres de son sein osent tacher l'albâtre :
Dans mon amoureuse fureur,
J'y fais éclore une troisième rose.
En vain mon Elisa m'oppose
Le langage de la pudeur ;
Mes yeux et tous mes sens s'enivrent
De ses appas que nos combats me livrent,
Et j'en savoure la fraîcheur !
En les touchant mes doigts frémissent !
L'amour a dans nos sens agité son flambeau.
Vénus ! Vénus ! tes destins s'accomplissent !
Muse, garde-toi bien d'entr'ouvrir le rideau.

CONTES.

LES DEUX AVARES.

Deux voisins, et tous deux avares,
Tous deux également bizarres,
Quand cela ne leur coûtait rien
Se rendaient de petits services.
Voisin Grippon, offices pour offices,
Dit Grapineau, je voudrais bien,
Au feu de votre cheminée,
Faire cuire à l'instant cet œuf :
Le régal n'est ni cher ni neuf.
J'avais d'abord dans la pensée
De l'avaler tout cru, tout frais,
J'aurai plus de profit sans avoir plus de frais.

Comme chez vous, voisin, faites sans nulle gêne,
Et d'un remercîment cela ne vaut la peine :
  Allez chez vous chercher du bois.
Il ne fut pas besoin de le dire deux fois.
  De son côté notre fripon se presse
    D'enlever les tisons :
  Il ne laisse que deux charbons.
Dans l'âtre Grapineau place deux vieux bâtons.
Pour allumer le feu l'on connaît son adresse.
  Le soufflet gémit dans ses mains ;
  Le charbon aussitôt pétille ;
  Le bois brûle et la flamme brille,
L'eau bout et l'œuf est cuit. Cependant nos vilains
  Causent, et le temps passe ;
Grippon s'en aperçoit. Eh ! cher voisin, de grâce,
  Voulez-vous faire un consommé ?
  Qu'attendez-vous pour descendre ?
J'attends qu'entièrement mon bois soit consumé,
  Pour emporter ma cendre.

L'USURIER QUI PREND SES SURETÉS.

A quel taux, Abraham, voulez-vous me prêter
    Dix mille francs, dont mes affaires
Me commandent l'emprunt?—Ah! monsieur de Lignères,
    Vous savez que, sans me flatter,
J'ai toujours mérité le titre d'honnête homme.
    Je vous procurerai la somme,
    Et du taux vous serez content :
    Je ne prendrai que cinq du cent.—
Quoi! cinq du cent?—Mon Dieu, pas davantage,
    Cinq du cent... mais par mois ;
    C'est contre mon ancien usage.
    Vous savez que plus d'une fois
J'ai reçu quatre-vingt ; aussi je veux un gage
    Qui puisse assurer mon argent,
Et sur votre maison je demande hypothèque ;
    ✷✷✷

Je veux de plus un bon nantissement
De quatre mille écus de valeur intrinsèque ;
Enfin, monsieur, j'exige caution,
Pour le cas où le feu prendrait à la maison.

L'INVITATION SINGULIÈRE.

Cousin Dumont, disait le sot Dorante,
Fort à propos je vous rencontre ici.
Hier au soir j'ai reçu, Dieu merci,
Du cousin Cachinet une dinde excellente.
Nous avons à dîner et mon oncle et ma tante;
De parens, en un mot, je remplis ma maison.
Les mets sont apprêtés de la main de ma fille :
    Venez, cher cousin, sans façon,
    Manger la dinde de famille.

LE FAUX BRAVE.

César Bravillac, dérogeant
Au courage gascon, et d'humeur peu courtoise,
A certain bon champion normand
Sur un mince sujet venait de chercher noise.
Le cartel accepté par l'enfant de Rollon,
Pour vider la querelle on fait choix de l'épée.
 Oh! s'écrie alors le Gascon,
 Quelle malheureuse équipée!
Il ne connaît pas le talent
Que j'ai pour manier les armes.
Jé vous lé dis tout franchément,
Jé suis touché jusques aux larmes
De son manifeste embarras;
Lé malheureux court au trépas!
Si vous avez quelqué tendresse,
Dit-il à l'ami du Normand,

Pour cet infortuné qui causé ma tristesse,
 Proposez un arrangément
 Pour terminer le différent.
Jé sérai réténu par dé puissans entraves;
Votre ami né séra du nombre des faux braves,
Et l'honneur outragé se verra satisfait.

L'ami, que ce langage a rendu stupéfait,
Sous la foi du serment au Gascon fait promesse
 D'interposer sa médiation.
  Alors tous deux avec vitesse
  Se rendent près du bastion,
  Où notre habitant de Neustrie
Les attendait, craignant peu le tombeau.
  Déjà l'acier sort du fourreau.
   Le Normand en furie
   Fond sur notre Gascon.
L'ami qui voit que son compatriote
Adroitement pare et porte une botte,
Que le Gascon change de ton, de note,
 Tient Bravillac pour un poltron,
Et lui laisse faire une école.

✲✲✲

Craignant d'être touché, le Gascon crie : Amis,
Cé n'est pas cé qué l'on m'a promis :
Jé vois bien qué chez vous on manque à sa parole.

LA BIBLIOTHÈQUE D'UN IGNORANT.

Un ignorant fieffé, que l'aveugle fortune
    Combla de ses faveurs,
Pour voiler à jamais l'origine commune
    De ses premiers auteurs,
Un jour imagina de changer de province.
Il menait en Midas le train d'un riche prince :
L'or et l'argent brillaient sur ses ameublements
    Et sur ses équipages.
    Notre lourdaut s'informe des usages
    Que suivent tous nos élégants.
    Bientôt de la littérature
    Il veut occuper ses loisirs :
    Alors, au gré de ses désirs,
Un meuble d'acajou, surchargé de dorure,
    Est dressé dans son cabinet,
Et le libraire apporte un magasin complet
De nos bons écrivains, de nos charmans poètes,
Favoris de Phébus et dignes interprètes

Du bon goût et de la raison.
Mais, ô malheur ! l'ébéniste inhabile
A mal placé chaque rayon.
Le libraire exhale sa bile
Contre cet insigne ignorant ;
Il prit si mal l'écartement
Que doit garder chaque tablette,
Qu'il diffère en proportions
Du format des éditions.
Que cela ne vous inquiète,
Dit le libraire au parvenu,
L'on va mettre ce meuble à nu,
Et chaque rayon à sa place,
Et que, pour sa fraîcheur, rien ne vous embarrasse,
Le tout sera fait proprement :
Ces changemens au plus pourront coûter cent livres.
— Ne pourriez-vous, monsieur, diminuer vos livres
Plutôt que de toucher à ce meuble charmant ?

Midas, pour la cacher, a beau faire merveille,
Toujours par quelqu'endroit on voit passer l'oreille.

LE MAGISTRAT PRÉVOYANT.

Certain jour, rencontrant un grave magistrat
  Qui se rendait à l'audience,
Je l'arrête et lui dis : Ah! monsieur, que l'Etat
  Vous devra de reconnaissance!
  Car, grâce aux soins que vous prenez,
Les vieux procès dans peu seront tous terminés.
  Parbleu, dit-il, d'un ton plein d'assurance,
Loin que mes jugemens soient arriérés,
  Je suis maintenant en avance.

LE PROCÉS.

Certain meûnier, contre un cultivateur,
    Plaidait pour deux sacs de farine.
  Chaque partie avait un procureur
    Savant dans l'art de la rapine,
Digne pendant de maître Brigandeau,
Du *Mercure Galant* du comique Boursault.
    Il n'est besoin que je discute
    En ce lieu le droit des plaideurs,
    Ni les moyens des procureurs :
    Nous ne jugeons pas la dispute. -
    Les deux dossiers se grossissaient
    D'un jugement préparatoire,
    Et d'un autre interlocutoire;
    Et les procureurs souriaient
    En pensant au mémoire.
Le juge visita les deux sacs séquestrés
    De nos plaideurs immodérés
Un procureur dit à l'autre, à voix basse .

Nous mangerons la farine et le son.
Oh! dit l'un des plaideurs : Messieurs, pour le son, passe,
Pour la farine, non.
Chaque plaideur prit un sac de farine.
Les suppôts du palais allongèrent la mine;
Et pour cette fois le plaideur
Fut plus fin que son procureur.

FIN.

www.ingramcontent.com/pod-product-compliance
Lightning Source LLC
Chambersburg PA
CBHW060726050426
42451CB00010B/1653